CHAMBRE SYNDICALE
DES CONSTRUCTEURS EN CIMENT ARMÉ DE FRANCE

PROJET DE RÈGLEMENT

SUR LES

CONSTRUCTIONS EN BÉTON ARMÉ

ÉTABLI PAR LA COMMISSION D'ÉTUDES TECHNIQUES
DE LA CHAMBRE SYNDICALE

PARIS
GAUTHIER-VILLARS ET Cie, ÉDITEURS
LIBRAIRES DU BUREAU DES LONGITUDES, DE L'ÉCOLE POLYTECHNIQUE
55, Quai des Grands-Augustins, 55

1928

PROJET DE RÈGLEMENT

SUR LES

CONSTRUCTIONS EN BÉTON ARMÉ

CHAMBRE SYNDICALE
DES CONSTRUCTEURS EN CIMENT ARMÉ DE FRANCE

PROJET DE RÈGLEMENT

SUR LES

CONSTRUCTIONS EN BÉTON ARMÉ

ÉTABLI PAR LA COMMISSION D'ÉTUDES TECHNIQUES
DE LA CHAMBRE SYNDICALE

PARIS
GAUTHIER-VILLARS ET Cie, ÉDITEURS
LIBRAIRES DU BUREAU DES LONGITUDES, DE L'ÉCOLE POLYTECHNIQUE
55, Quai des Grands-Augustins, 55

1928

PROJET DE RÈGLEMENT

SUR LES

CONSTRUCTIONS EN BÉTON ARMÉ

INTRODUCTION

Le 31 juillet 1925, nous recevions de M. le Ministre des Travaux publics, avec prière de le communiquer aux Membres de la Chambre syndicale des Constructeurs en Ciment armé de France, un projet d' « Instructions relatives à l'emploi du béton armé et commentaires correspondants ».

L'étude de ce document produisit une vive émotion parmi les Constructeurs et les Ingénieurs spécialisés dans la question du béton armé. La Chambre syndicale reçut quantité de protestations et de fort vives critiques; les plus modérés de nos confrères qualifiaient ce projet avec sévérité.

Il faut reconnaître que l'émotion générale était justifiée car, outre les fâcheuses lacunes qui existaient dans ce projet, ses auteurs paraissaient avoir peu tenu compte des progrès réalisés depuis vingt ans dans la construction en béton armé.

On doit d'ailleurs constater avec regret que, parmi les ingénieurs éminents qui composaient la Commission, aucun n'avait fait du ciment armé sa principale étude et l'on pouvait penser que ceux qui, depuis longtemps, s'étaient spécialisés dans d'autres genres de constructions, envisageraient le béton armé sans bienveillance.

Dans sa réponse du 12 novembre 1925 à M. le Ministre, notre Chambre syndicale signalait les erreurs et les omissions de ce document et s'étonnait qu'une Commission, dont l'objet était précisément le béton armé, ne comprît aucune personnalité de notre Chambre syndicale ni aucun des ingénieurs ayant de ce matériau une technique approfondie.

M. le Ministre des Travaux publics, alors M. de Monzie, à qui, au cours de plusieurs entrevues, nous avons exposé ce point de vue, nous promit de ne pas donner suite à ce projet de règlement. Il nous pria de demander à notre Chambre syndicale de préparer elle-même un texte et nous assura qu'une nouvelle Commission serait ensuite nommée, où notre Chambre serait largement représentée.

Cette demande nous fut officiellement confirmée le 22 décembre 1926. Une Commission fixa un programme d'études et une Sous-Commission se mit immédiatement à l'œuvre.

Pendant dix-huit mois, la Sous-Commission a cherché à dégager les règles de la construction en béton armé. Tâche difficile, car il fallait s'affranchir de certains préjugés, trop souvent pris pour des principes et chercher la vraie signification de résultats d'expériences qui pouvaient paraître contradictoires.

A côté de l'étude d'ensemble, un certain nombre de questions ont été plus particulièrement approfondies. Citons par exemple les conditions de résistance des matériaux aux efforts composés qui ont fait l'objet de plusieurs rapports de M. Mesnager et de M. Caquot, et, en outre, d'expériences qui durent encore et qui permettront, semble-t-il, de préciser le mode de rupture des bétons.

D'autre part, les variations linéaires des bétons sous l'influence de la température et de l'humidité ont été étudiées sur des bases nouvelles par M. Freyssinet.

C'est le résultat de ces études que nous présentons aujourd'hui. Nous sommes persuadés que ce projet de règlement, qui modifie quelques traditions plus ou moins justifiées, atteint bien le but qu'il se proposait, c'est-à-dire d'établir d'une façon aussi précise que possible les principes de la construction en béton armé.

Nous tenons à remercier au nom de notre Chambre syndicale ceux qui ont collaboré à ce travail : les Membres de la Commission, et particulièrement les Membres de la Sous-Commission : M. Mesnager, qui présidait avec autant de science que de finesse; M. Caquot, qui a accepté la lourde tâche de rapporteur; M. Freyssinet, dont les idées hardies ont contribué à dégager le projet des routines anciennes; enfin, MM. Quost et Chenille, dont les remarques judicieuses ont permis de ne pas perdre de vue l'utilité pratique du Règlement.

Le Président de la Chambre syndicale
des Constructeurs en ciment armé de France,

Paris, 11 mai 1928. A. BRICE.

MEMBRES

DE LA

COMMISSION D'ÉTUDES TECHNIQUES

MM.

A. Brice, Président, Président de la Chambre syndicale des Constructeurs en Ciment armé de France;

A. Mesnager, Vice-Président, Membre de l'Institut, Inspecteur général honoraire des Ponts et Chaussées;

Caquot, Rapporteur, Professeur à l'École Nationale supérieure des Mines;

Bera, Membre, Ingénieur des Arts et Manufactures;

Chenille, Membre, Ingénieur des Arts et Manufactures;

Couturier, Membre, Ingénieur des Arts et Métiers;

Darras, Membre, Ingénieur des Arts et Manufactures;

Dumez, Membre, Ingénieur des Arts et Manufactures;

Fourré, Membre, Ingénieur des Arts et Manufactures;

Fontaine, Membre, Ingénieur de l'École Polytechnique de Zurich;

Freyssinet, Membre, ancien Ingénieur des Ponts et Chaussées;

Genouville, Membre, Ingénieur des Arts et Manufactures;

Guilmoto, Membre, Ingénieur des Arts et Manufactures;

Lebeau, Membre, Ingénieur des Arts et Manufactures;

Loup, Membre, Ingénieur des Arts et Manufactures;

Louppe, Membre, Ingénieur, ancien Élève de l'École Polytechnique;

Quost, Membre, Ingénieur des Arts et Manufactures;

Teliet, Membre, Ingénieur des Arts et Métiers;

Trophy, Membre, Ingénieur des Arts et Métiers;

L.-P. Brice, Secrétaire technique, Ingénieur des Arts et Manufactures.

MEMBRES

DE LA

SOUS-COMMISSION D'ÉTUDES TECHNIQUES

MM.

A. Mesnager, Président, Membre de l'Institut, Inspecteur général honoraire des Ponts et Chaussées;

Caquot, Rapporteur, Professeur à l'École nationale supérieure des Mines;

Freyssinet, Membre, ancien Ingénieur des Ponts et Chaussées;

Quost, Membre, Ingénieur des Arts et Manufactures;

Chenille, Membre, Ingénieur des Arts et Manufactures;

L.-P. Brice, Secrétaire technique, Ingénieur des Arts et Manufactures.

PLAN DU RÈGLEMENT

TITRE I.

TITRE II.

DESSIN ET TABLEAUX D'EXÉCUTION.

TITRE III.

MATÉRIAUX.

TITRE IV.

CALCULS DE RÉSISTANCE

TITRE V.

EXÉCUTION DES TRAVAUX

TITRE VI.

NOTATIONS EMPLOYÉES
DANS
LE RÈGLEMENT, LES COMMENTAIRES ET LE RAPPORT

A............ Section totale équivalente.
A_1............ Section d'acier.
A_2............ Section de béton.
B............ Poids en tonnes du mètre cube de béton armé.
H............ Hauteur de la construction au-dessus du sol.
M............ Moment fléchissant.
P............ Poids total de la charge portée.
S............ Surcharge résultante.
S_1............ Surcharges peu variables dans le temps, mais pouvant occuper une position quelconque.
S_2............ Surcharges, par nature, variables dans le temps.
S_3............ Surcharges dynamiques.
T............ Effort tranchant.
a............ }
b............ } Portées d'une dalle rectangulaire ($a < b$).
b'............ Largeur de la nervure.
d............ Diamètre des barres.
e............ Distance libre entre nervures.
e_1 e_2............ Distances de l'axe des barres aux surfaces libres du béton.
e_4............ Écartement d'axe en axe des armatures.
g............ Grosseur de l'agrégat en millimètres.
h............ Hauteur totale de la pièce.
l............ Portée en mètres.
p............ Poids par unité de longueur ou de surface.
r............ Rayon de courbure de l'armature.
z............ Bras de levier du couple fléchissant.
α............ Volume des armatures par mètre cube de béton.
β............ Poids en tonnes des aciers par mètre cube de béton.
γ_1............ Caractéristiques du métal. [Résistance à la rupture en traction simple en myriapièzes (1).]
γ_2............ Caractéristique du béton. [Résistance à la compression simple en hectopièzes (2).]
μ............ Module d'équivalence.
ν............ Coefficient d'équivalence des armatures transversales.
τ_2............ Contrainte élastique tangentielle du béton.
φ_1............ Contrainte élastique de l'acier en traction ou en compression.
φ_2............ Contrainte élastique normale du béton.

(1) Le myriapièze équivaut à $1^{kg},02$ par millimètre carré.
(2) L'hectopièze équivaut à $1^{kg},02$ par centimètre carré.

PROJET DE RÈGLEMENT

SUR LES

CONSTRUCTIONS EN BÉTON ARMÉ

RÈGLEMENT.	COMMENTAIRE.

TITRE I.

Données préliminaires.

Article premier.

Base des Calculs.

Les ouvrages en béton armé seront établis pour supporter les effets des *forces maxima* qui y seront appliquées, en construction comme en service.

La rédaction précise que la base des calculs de résistance est la valeur maximum des forces, et non leur valeur moyenne.

Article 2.

Programme.

Ces forces maxima résulteront du programme. L'auteur du programme fixera d'une manière précise et complète les *forces statiques* et les *forces d'inerties* provenant des efforts dynamiques supplémentaires.

Il importe que ces maxima soient déterminés par l'utilisateur, et par conséquent par l'auteur du programme.

Pour une poutre de roulement par exemple, l'auteur du programme déterminera les trois composantes de la réaction des roues, compte tenu du couple moteur maximum possible des moteurs, des freins, etc., qui équipent le mobile qu'il veut faire circuler sur la poutre; les chiffres donnés dans le programme ne seront jamais des moyennes, mais les maxima. De même, la réaction indiquée pour l'appui d'une machine sera le maximum de la valeur pendant le fonctionnement.

RÈGLEMENT.	COMMENTAIRE.
ARTICLE 3. LIMITE DES SURCHARGES. Les forces du programme servant de base aux calculs de résistance étant ainsi toujours des maxima, les surcharges imposées en *construction*, en *service* et pendant les *épreuves* resteront dans la limite du programme.	L'ouvrage étant établi pour résister indéfiniment à un système de forces, toujours égal ou supérieur au système réel, ne doit pas être soumis, même pour un essai, à des charges supérieures. Si un programme fixait une charge d'essai supérieure à la charge en service, cette charge d'essai deviendrait la plus grande charge à supporter, et c'est elle qui devrait être adoptée comme base dans les calculs. Par exemple, si l'auteur d'un programme demandait un plancher portant 1000^{kg} par mètre carré et devant être essayé avec une charge supérieure de 20 pour 100, l'auteur du programme demanderait en fait un plancher portant 1200^{kg} par mètre carré.

TITRE II.

Dessins et Tableaux d'exécution.

ARTICLE 4. FORMES DES ÉLÉMENTS. Toutes les formes des éléments de l'ouvrage : béton et armatures, seront déterminées exactement par les dessins, croquis ou tableaux d'exécution.	Sans commentaire
ARTICLE 5. MATIÈRE. La matière de chacun de ces éléments sera également définie par le nombre caractéristique de résistance, dans les conditions déterminées dans les articles suivants.	La désignation de la matière par un nombre caractéristique permet une grande précision alliée à une grande simplicité. Exemple : acier 50, béton 240

RÈGLEMENT.	COMMENTAIRE.
ARTICLE 6. RECTIFICATIONS. En cas de contradiction ou en cas de modification, les dessins, croquis ou tableaux seront rectifiés pour que l'ouvrage terminé soit exactement défini par ces pièces.	Sans commentaire.

TITRE III.

Matériaux.

RÈGLEMENT.	COMMENTAIRE.
ARTICLE 7. On n'emploiera, pour les constructions en béton armé, que des matériaux de bonne qualité et réguliers, la *régularité* dans la résistance étant la qualité primordiale.	Il a paru nécessaire d'appeler spécialement l'attention sur la régularité dans la résistance.
ARTICLE 8. ACIER. Toutes les nuances, toutes les fabrications d'acier pourront être employées.	Dans le béton armé, l'acier est d'autant meilleur à section égale qu'il est plus dur, la construction ne résistant pas aux grands allongements qui suivent la période élastique. Le seul danger à éviter est la fragilité. Les règles données forment un ensemble simple donnant toute sécurité, au point de vue de la résistance après mise en œuvre.
Texture. Fragilité. Le métal sera à grains fins et *non fragile*. Une éprouvette prélevée à la cisaille et d'une longueur de dix diamètres sera percée en son milieu d'un trou ayant un diamètre égal au sixième de celui de la plus grande dimension transversale de la barre. Un trait de scie supprimera l'une des deux parties de la section séparées par le trou. L'éprouvette inclinée à environ 10° sur l'horizon, l'extrémité libre vers le haut sera engagée dans le trou d'une masselotte jusqu'au trait de scie qui séparera la moitié supérieure de la section. D'un seul coup de masse l'éprouvette	

RÈGLEMENT.	COMMENTAIRE.

sera rompue, puis les deux morceaux mis au contact par les lèvres de la cassure au voisinage du trou. Dans ces conditions, les deux parties accuseront un angle de déviation supérieur à 20°.

Limite élastique de traction simple.

La limite apparente d'élasticité sera comprise entre les 60/100 et les 85/100 de la résistance à la rupture par traction simple. Si la limite inférieure n'est pas atteinte, les barres pourront être utilisées, mais l'effort admissible sera réduit proportionnellement.

Résistance à la rupture à la traction simple.

Cette résistance sera supérieure à la valeur fixée en myriapièzes.

Cette valeur fixée est dite *caractéristique* du métal choisi et elle est représentée par la lettre γ_1.

La résistance sera mesurée sur une éprouvette de métal brut. Au delà de 25^{mm}, et quand on ne disposera pas de machine de traction suffisamment puissante, l'éprouvette sera faite au tour.

Allongement.

L'allongement unitaire sera mesuré entre deux repères distants de 7,2 fois le diamètre de la barre.

Avant rupture, il devra être supérieur à $\frac{6}{\gamma_1}$.

Pliage.

Les barres enroulées sur une matrice, par flexion, sans compression, ne devront présenter aucune crique apparente quand les deux branches seront parallèles et à une distance libre au plus égale à $\frac{\gamma_1}{20}$ diamètres.

Tous les essais se feront à froid.

RÈGLEMENT.

Article 9.

Façonnage des Armatures dans les chantiers.

Les armatures destinées à être reliées par le béton seront pliées sur des matrices et auront un rayon de courbure intérieur d'au moins $\frac{\gamma_1}{4}$ fois la dimension transversale de la barre, sauf pour les crochets terminaux qui auront un rayon de courbure au moins égal à $\frac{\gamma_1}{20}$ fois cette dimension transversale, et déterminé par la valeur de l'effort maximum à fournir par le crochet.

Le pliage se fera à froid.

Le pliage à chaud ne serait admis que dans de grands chantiers disposant d'appareils de contrôle évitant la surchauffe.

Les armatures reliées entre elles par rivets ou boulons seront travaillées comme la charpente métallique.

Les trous seront alésés pour enlever les parties fissurées par le poinçon, et pour obtenir l'alignement correct des trous à l'emplacement d'un même rivet ou boulon. Le rivet en acier de choix sera posé à chaud avec soin pour obtenir la fixation des éléments par serrage efficace, et le remplissage du trou complet à la température de la pose.

Article 10.

Armatures a section variable.

Lorsque les armatures seront à section très rapidement variable comme celles qui sont formées par des barres percées de trous, l'effort élastique de traction ou de compression à partir de l'état neutre est très inégalement réparti

COMMENTAIRE.

Il a paru nécessaire de donner les rayons de courbure des pliages pour éviter l'écrasement local du béton.

Le pliage à chaud est interdit toutes les fois que le métal peut être porté accidentellement à une trop haute température.

La variation de section entraîne des efforts élastiques secondaires très importants, qui majorent la fatigue du métal, particulièrement dans les charpentes rivées, même enrobées de béton.

Cette fatigue supplémentaire est d'au-

RÈGLEMENT.	COMMENTAIRE.

dans la section minimum; il est environ triplé au voisinage du trou, mais cette répartition s'améliore avec les grands allongements.

On tiendra compte de ce fait expérimental en calculant ces pièces comme si l'inégalité de répartition dans la section minimum entraînait une majoration relative de $\gamma_1/400$ seulement par rapport à l'effort moyen sur la section nette.

tant plus dangereuse que le métal est plus dur d'où la majoration $\gamma_1/400$ qui donne une majoration de 10 pour 100 pour l'acier doux et de 20 pour 100 pour l'acier dur.

Article 11.

Qualité d'acier a employer.

A effort unitaire égal, l'acier donne d'autant plus de sécurité dans le béton armé qu'il est plus résistant.

Il y a donc intérêt à employer des aciers à limite élastique élevée, mais la règle de l'article 27 ne peut être utilisée sans justification spéciale que jusqu'à la caractéristique 42.

Pour les caractéristiques supérieures, il faut tenir compte de l'effet de l'augmentation de l'effort élastique unitaire sur la fissuration et l'adhérence et justifier spécialement ces points.

Il a paru nécessaire d'appeler l'attention sur les grands allongements élastiques

Article 12.

Ciments.

Celui-ci sera en principe du ciment *artificiel* à prise lente conforme aux règles admises par la Commission de standardisation.

Sa composition sera bien constante et il proviendra d'usines contrôlant rigoureusement la fabrication aux points de vue chimique et mécanique.

L'emploi de ciments *spéciaux* ne sera permis que dans des cas particuliers, sur justifications complètes.

Les règles prescrites particulièrement pour les ciments spéciaux se justifient d'elles-mêmes.

Pour les ciments alumineux par exemple, il faudra tenir compte que la plus grande compacité a pour contrepartie un module d'Young plus élevé et une plus grande fragilité.

RÈGLEMENT.

Article 13.

Agrégat.

On nommera ainsi l'ensemble des matériaux solides du béton en dehors du ciment.

L'agrégat sera composé de grains gradués de $0^{mm},2$ à la grosseur maximum et formé d'une matière indestructible par les influences climatériques.

La résistance propre de cette matière sera toujours nettement supérieure à la résistance demandée au béton.

Les grains seront anguleux ou arrondis suivant leur provenance.

La grosseur *g* de l'agrégat en millimètres sera par définition le diamètre des trous circulaires du tamis, strictement suffisant pour laisser passer tout l'agrégat.

g sera au plus égal à la fraction $\frac{1}{2}$ ou $\frac{2}{3}$ de la distance libre horizontale des armatures d'une même nappe suivant que sont employés des agrégats à grains anguleux ou arrondis.

La composition granulométrique pour chaque valeur de *g* sera régulière et constante, elle permettra la fabrication d'un béton ayant la *résistance* escomptée avec la *consistance* prévue.

COMMENTAIRE.

Les anciennes dénominations de sable et de gravier, purement arbitraires, ont été supprimées, la définition de l'agrégat ne pouvant se faire pour toute grosseur que par sa composition granulométrique. Les règles d'écartement des armatures auront pour résultat une meilleure constitution des ouvrages

RÈGLEMENT.

Article 14.

Béton.

Le béton sera formé par le mélange homogène de ciment, d'eau et d'agrégat, chaque grain de celui-ci étant, par malaxage, bien enrobé de ciment.

Le béton sera d'une plasticité suffisante pour entourer les armatures et se mouler dans les coffrages.

On pourra employer des consistances

COMMENTAIRE.

La rédaction insiste sur la nécessité d'un bon moulage, et par conséquent d'une plasticité suffisante du béton.

L'excès d'eau diminue la résistance, le manque d'eau, qui s'aggrave par l'absorption des coffrages annule l'adhérence.

Les consistances indiquées dans le

RÈGLEMENT.

plus molles, mais en tenant compte des diminutions de compacité et de résistance correspondantes.

Les consistances plus dures ne seront employées qu'avec l'aide de moyens de mise en place, particulièrement puissants.

COMMENTAIRE.

règlement sont celles du béton dans l'ouvrage, immédiatement avant la prise.

On peut employer comme véhicule une quantité d'eau supplémentaire destinée à être séparée par le tassement réalisé par les moyens prévus à l'article 37.

Il importe que les essais de matériaux soient faits avec la consistance du béton finalement réalisé dans l'ouvrage lui-même, et non avec la consistance qu'il peut avoir dans une phase intermédiaire de la construction.

Pour obtenir une bonne constance dans le dosage en eau, on pourra employer avantageusement les essais de plasticité par affaissement d'un volume géométrique déterminé.

L'attention est appelée sur ce fait que le dosage en eau ne peut être évalué avec assez de précision dans les chantiers par mesurage direct en raison de la variation de la teneur en eau de l'agrégat.

L'essai de plasticité est plus précis à condition d'être fait avec un béton représentant bien la moyenne de la gâchée, le prélèvement étant précédé d'un malaxage efficace de la totalité de cette gâchée.

Article 15.

Dosage.

Le dosage sera le poids du ciment par mètre cube de béton en œuvre. Ce dosage sera déterminé par les conditions de résistance demandées, compte tenu de l'agrégat employé et de la consistance prévue.

Pour le béton armé, on n'emploiera pas de dosages plus maigres que

$$\frac{550}{\sqrt[3]{g}} \text{ kg/m}^3.$$

Il n'était pas inutile de définir d'une façon précise ce qui est appelé dosage. Le minimum fixé et égal à

$$\frac{550}{\sqrt[3]{g}}$$

ne peut être employé qu'exceptionnellement.

RÈGLEMENT.	COMMENTAIRE.

Article 16.
Caractéristique du Béton.

Le béton subit des efforts élastiques dans toutes les directions. Il y a rupture quand la contrainte sur tout élément de surface atteint la valeur limite fixée par la courbe ci-jointe, dite courbe de résistance intrinsèque, ou sous une autre forme, quand au point considéré la plus grande tension principale atteint, d'après la grandeur de la plus petite tension principale, la valeur fixée par la courbe ci-jointe, dite courbe des tensions principales.

Ces courbes expérimentales sont tracées en prenant pour unité la résistance à la rupture du béton en compression simple, dite caractéristique du béton (en hectopièzes).

C'est aux contraintes ainsi déterminées que s'appliquent les coefficients fixés à l'article 26.

La résistance à la traction est supposée au moins égale au douzième de la caractéristique. Si elle est inférieure, les ordonnées des courbes seront réduites proportionnellement.

Comme l'acier, le béton est défini par sa résistance à la rupture et celle qui est choisie est la résistance à la compression simple.

Contrairement à une erreur assez répandue la résistance du béton à toutes les sollicitations est utilisée dans le béton armé. Il serait tout à fait impossible de faire du béton armé avec du béton sans résistance à l'extension et au glissement.

Le lieu des extrémités des vecteurs représentant la contrainte limite capable de déterminer la rupture d'un élément de surface donnée est dit courbe de résistance intrinsèque.

La courbe donnant en un point donné la valeur de la plus grande tension principale avant rupture, en fonction de la plus petite tension principale est dite courbe des tensions principales.

Pour tout béton, ces courbes peuvent être déterminées expérimentalement et l'une ou l'autre peuvent servir indifféremment suivant le mode de calcul préféré par l'auteur du projet.

A défaut des courbes réelles applicables à chaque cas particulier, on pourra utiliser en pratique les courbes ci-jointes tracées en prenant pour unité la résistance du béton à la compression simple, dite caractéristique du béton.

Article 17.
Épreuves du Béton.

La résistance du béton sera déterminée par un nombre d'éprouvettes suffisant pour être contrôlée efficacement.

La résistance à la traction simple sera évaluée d'après la rupture, sous moment

Le règlement prescrit que des expériences seront faites pour contrôler efficacement les résistances.

L'expérience de tous les bons constructeurs, a montré la nécessité de ces expériences, qui seules permettent de juger

RÈGLEMENT.

constant M, d'un prisme à base carrée de côté b voisin de $3\,g$ et de longueur $4\,b$.

La résistance à la traction sera prise égale à

$$\frac{3,6\,M}{b^3}.$$

Les deux morceaux d'éprouvettes seront placés sous une presse ayant deux plateaux de largeur b. de telle sorte que l'effort de compression soit appliqué sur un carré de côté b

Si F est l'effort de rupture, $\frac{F}{b^2}$ sera la *caractéristique* du béton employé en compression simple.

On essaiera au moins trois éprouvettes donnant trois résultats de traction et six de compression, on éliminera tout essai inférieur à la moyenne de tous les essais de plus de 20 pour 100 et l'on fera la moyenne des essais conservés.

Les essais se feront en principe à 2 jours, 7 jours et 28 jours. Quelques éprouvettes seront conservées pour des essais à 90 jours et à 1 an.

Le béton aura exactement la consistance réalisée dans l'ouvrage.

La caractéristique du béton sera la résistance à la rupture de compression à 28 jours majorée de 20 pour 100.

Toutefois, si le ciment employé ne permettait pas d'escompter avec certitude une augmentation ultérieure de résistance de 20 pour 100 au moins, la caractéristique serait déterminée pour être au plus égale à celle qui correspondrait au durcissement au jour de la mise en service.

Article 18.

Limites normales de la caractéristique du Béton.

On peut normalement prévoir. dans les projets, des caractéristiques de béton comprises entre 160 et 250.

COMMENTAIRE.

en dernière analyse de l'agrégat, du ciment, et de la consistance à employer.

L'essai indiqué est très simple, il donne à la fois la grandeur de la résistance à la compression utilisée dans presque tous les éléments des constructions, et de la résistance à la traction utilisée dans les hourdis.

Il a été déterminé par de nombreuses expériences.

Sauf données particulières, on conseille d'adopter dans les programmes la caractéristique : 160 pour les petits

RÈGLEMENT.	COMMENTAIRE.
Les dosages seront déterminés, en conséquence, d'après les conditions de l'emploi, la plasticité, l'agrégat, la durée du durcissement, la qualité du ciment. Pour des applications spéciales on pourra, sur justifications détaillées, employer du béton ayant une caractéristique plus ou moins élevée.	ouvrages; 200 pour les ouvrages plus soignés; 250 pour les ouvrages très soignés. D'ailleurs, ces chiffres pourront varier suivant les régions d'après la valeur des agrégats ordinairement employés. Les essais devront être d'autant plus nombreux que les caractéristiques seront plus élevées, car l'expérience montre que les variations de résistance sur les chantiers sont importantes, et que, pour obtenir les caractéristiques demandées d'une façon certaine, il faut prévoir des dosages permettant normalement des résistances plus élevées. Les caractéristiques supérieures à 250 ne doivent être demandées qu'à des entreprises spécialisées et de premier ordre, ayant une grande expérience des épreuves et les effectuant régulièrement sur leurs chantiers. Elles ne doivent être envisagées qu'en cas de nécessité absolue et après des essais nombreux et d'une durée suffisamment longue.

TITRE IV.

Calculs de résistance.

RÈGLEMENT.	COMMENTAIRE.
ARTICLE 19. ÉLÉMENTS DU CALCUL. On tiendra compte dans les calculs : De la charge permanente; Des effets de la température; Des effets des variations linéaires de prise du béton; Des surcharges; De la méthode de construction.	N'a pas besoin de commentaire.
ARTICLE 20. MÉTHODE A EMPLOYER. Les calculs seront conduits par les méthodes scientifiques appuyées sur les données expérimentales.	N'a pas besoin de commentaire.

RÈGLEMENT. | COMMENTAIRE.

Article 21.

Résistance a la traction simple.

La résistance du béton à la traction simple sera mise en compte dans le calcul des déformations.

Par contre, pour le calcul des contraintes, cette résistance sera regardée comme nulle sur les surfaces de reprise, sur les sections de discontinuité et dans toute direction pour laquelle la tension calculée avec les majorations définies plus loin atteint 32/100 de la résistance du béton à la traction, ou les 36/100 suivant les cas de charge de l'article 27, la fissure des zones tendues devant alors être considérée comme un phénomène normal du fonctionnement du système béton-acier.

Cet article précise les régles admises dans la plupart des règlements.

On devra toujours tenir compte du béton tendu dans les déformations, mais comme le béton est fragile, il est normalement traversé par des surfaces de fissuration qui ne doivent pas compromettre la construction.

Les reprises de bétonnage ont pratiquement une résistance à la traction très faible, et de même que toute discontinuité brusque, elles entraînent la formation d'une fissure.

Celle-ci peut aussi se former si l'effort de traction est trop élevé.

Si donc, comme dans les hourdis, on doit tenir compte de la résistance à la traction, il faut les bétonner en une seule fois, en épaisseur, éviter les variations de section dans les zones tendues et limiter les efforts de traction.

Article 22.

Évaluation de la Charge permanente.

Les charges fixes sur l'ouvrage seront évaluées d'après les volumes des matériaux et leur densité maximum dans les conditions d'emploi (matériaux humides, par exemple, pour un ouvrage exposé aux intempéries).

Pour le béton armé, sauf cas spéciaux, on adoptera, en tonnes par mètre cube, le poids donné par la formule suivante :

$$B = 2,37 + 5,5\alpha = 2,37 + 0,7\beta$$

où α est le volume des armatures par mètre cube de béton, et β le poids en tonnes des aciers par mètre cube de béton.

Il a paru nécessaire de préciser le poids du béton armé, en raison du développement pris par les constructions très fortement armées où le coefficient α dépasse fréquemment 0,05.

Pour les constructions habituelles pour lesquelles α varie de 0,01 à 0,025, on pourra prendre la valeur moyenne

$$B = 2,5.$$

RÈGLEMENT.	COMMENTAIRE.

Article 23.

Évaluation de la Température.

La variation de température admise sera, pour les ouvrages exposés aux influences climatériques, la variation maximum dans l'année des moyennes journalières.

Cette grandeur sera prise, en France, comme variant de $\pm 20^{\circ}$, de part et d'autre de la température moyenne.

Pour les ouvrages abrités, les locaux chauffés, on tiendra compte des variations maxima qui pourraient se produire.

Le coefficient de dilatation admis sera de 11×10^{-6} par degré centigrade.

Commentaire. — La règle fixe d'une façon précise les variations à introduire dans le calcul par le coefficient de dilatation et la variation de température dans le cas d'ouvrages soumis aux influences climatériques.

Pour les autres ouvrages, ces variations seront fixées par le programme.

Article 24.

Variation linéaire accompagnant le durcissement du Béton.

Pour une construction toujours imbibée d'eau, cette variation linéaire sera un gonflement de 100×10^{-6}.

Pour une construction soumise aux variations climatériques, on admettra un raccourcissement en France de $30\ (l - 35)\ 10^{-6}$, où l est la latitude, soit 150×10^{-6} pour les régions pluvieuses du nord et 450 pour les régions sèches du midi. Dans le cas de circonstances climatériques spéciales (régions montagneuses, voisinage de la mer, etc.), on évaluera spécialement la variation linéaire.

Pour les constructions abritées de la pluie et maintenues à la température ordinaire, ce raccourcissement sera majoré du tiers.

On admettra que l'effet le plus défavorable du climat est obtenu par l'effet total de la température et le tiers de

Commentaire. — On ne possède que très peu de connaissances précises sur la variation de volume des bétons qui accompagne la variation d'humidité.

Les expériences classiques de la Commission du Béton armé de 1906 et celles de Stuttgard ont montré que des prismes dosés à 300^{kg}. abandonnés dans un laboratoire dans des conditions hygrométriques non définies, subissaient des retraits croissant avec le temps de plus en plus lentement jusqu'à un maximum de 600×10^{-6} et que l'immersion provoque des variations de sens contraire pouvant aller jusqu'au gonflement de 100×10^{-6}.

Les premiers résultats d'expériences en cours à Plougastel (Finistère) non loin de la mer et sur bétons non abrités, en vue de rechercher l'influence du dosage en ciment, des contraintes méca-

RÈGLEMENT.	COMMENTAIRE.

l'effet de ces variations ou par la réciproque.

Dans le cas d'ouvrages maintenus dans une atmosphère sèche et chaude, on tiendra compte des variations réelles qui pourront être beaucoup plus élevées.

Il est toujours recommandé de faire la mesure exacte des variations linéaires réelles et d'en tenir compte dans les calculs, toutes les fois que cette mesure est possible.

niques, des alternances répétées de dessiccation et d'humidification établissent les faits ci-après :

1° Avec les agrégats, d'ailleurs normaux, employés dans les expériences, l'influence sur le retrait du dosage en ciment est très faible, variable suivant d'autres paramètres que l'expérience n'a pas encore permis de définir.

On sait d'ailleurs que les pâtes pures donnent plus de retrait que les mortiers, lesquels donnent des retraits supérieurs à ceux des bétons à éléments plus gros.

Le dosage paraît donc n'intervenir que par la grosseur des éléments d'agrégats correspondant au dosage employé.

2° Le retrait est un phénomène réversible, mais non en totalité. Sous les influences qui viennent d'être définies, il se produit à la longue des raccourcissements dans les pièces comprimées, et des allongements dans les pièces soumises à de très faibles tensions.

La modification d'humidité se faisant de la périphérie vers le centre, il y a action réciproque du centre sur la périphérie comme des armatures sur le béton.

De tout ce qui précède, il résulte qu'il y a fréquemment compensation partielle des effets du retrait, par les variations de température, comme par les effets mécaniques qu'il détermine. En attendant de nouvelles précisions et à défaut de mesures exactes des variations linéaires dans les cas particuliers envisagés, ce qui est toujours recommandable, mais malaisé en raison des longs délais exigés pour ces expériences, on pourra utiliser à titre provisoire les indications de l'article 24 qui correspondent à des valeurs nettement péjoratives dans tous les cas.

Les variations dues à des conditions

RÈGLEMENT.	COMMENTAIRE.

spéciales doivent être définies par les programmes

Article 25.

Surcharges.

Le programme distinguera :

Les *surcharges* peu variables dans le temps S_1, mais qui peuvent occuper une position quelconque;

Les *surcharges* S_2 qui, par leur nature, sont variables dans le temps;

Les *surcharges dynamiques* S_3 que les forces d'inertie déterminent.

Pour les calculs, on considérera la surcharge résultante S ainsi définie :

$$S = S_1 + \frac{4}{3} S_2 + S_3.$$

Les études récentes ont montré que l'effet des surcharges mobiles est beaucoup plus dangereux que l'effet des surcharges fixes, par le seul fait de la variation du sens et de la grandeur des contraintes dans les constructions habituelles. Lorsqu'en plus les surcharges s'accompagnent d'effets dynamiques, cette deuxième cause augmente la fatigue des constructions. Le coefficient $\frac{4}{3}$ tient compte de la première cause, le terme S_3 de la deuxième.

Article 26.

Surcharges dynamiques.

Ces surcharges S_3 proviennent des effets dynamiques sur les masses dont les efforts statiques sont S_2.

Elles auront pour valeur dans le cas de ponts parcourus par des véhicules rapides

$$S_3 = S_2 \left(\frac{0,4}{1 + 0,2\,l} + \frac{0,6}{l + 4\,\frac{P}{S_2}} \right).$$

Dans cette formule, l est la longueur de la pièce en mètres, P le total des charges permanentes qu'elle supporte, y compris son poids propre. et S_2 la valeur maximum des surcharges des véhicules qu'elle peut être appelée à supporter au total.

La même formule pourra être appliquée aux poutres de ponts roulants. Pour les planchers et autres constructions analogues, les surcharges déterminant les surcharges dynamiques pourront n'être qu'une fraction de la surcharge S_2.

Le terme S_3 est fixé dans cet article, en harmonie avec le règlement des ponts métalliques du 10 mai 1927.

Pour les planchers, la fraction de S_2 déterminant les surcharges dynamiques variera de 0 pour les habitations privées à 1 pour les salles de danse et de réunion.

Cette fraction sera toujours fixée par le programme.

Pour le hourdis appuyé sur quatre côtés et de portées a et b, a étant la plus petite, on appliquera la formule donnée dans cet article, dans laquelle l sera remplacé par

$$1,5\,a\,\frac{a + b}{b}$$

P étant le poids porté par le hourdis sur la surface a^2.

RÈGLEMENT.	COMMENTAIRE.

ARTICLE 27.

CONTRAINTE ADMISSIBLE.

Les efforts élastiques unitaires seront calculés :

1° Pour la charge permanente;

2° Pour les surcharges du système S_1 disposées dans les zones les plus défavorables :

3° Pour les variations de température et les variations linéaires :

4° Enfin, pour le vent, le freinage, etc. multiplié par le coefficient $\frac{4}{3}$.

La neige sera comptée dans les surcharges S_1.

Ces contraintes seront calculées soit dans le cas du solide continu, soit dans le cas du solide découpé par les surfaces définies à l'article 21.

Les contraintes seront toujours, même pendant la construction, inférieures à la fraction 32/100 (*trente-deux centièmes*) de la résistance de la matière dans la direction de l'effort élastique par l'effet des deux premières causes, et à la fraction 36/100 (*trente-six centièmes*) par l'effet de toutes les causes.

Pour le béton, la courbe de résistance et la caractéristique permettront de vérifier cette condition.

Pour l'acier, on envisagera seulement les résistances à la compression ou à la traction, les cisaillements étant négligeables, sauf le cas d'assemblages métalliques.

Commentaire.

Cet article donne des règles beaucoup plus précises que celles figurant dans la plupart des règlements étrangers.

On remarquera que, dans la surcharge S, la partie S_1 est plus défavorable que la charge permanente, en raison de la position qu'elle peut occuper tandis que la partie S_2 est en outre majorée par deux fois.

Grâce à ces règles, les constructions seront plus homogènes, et leur robustesse sera sensiblement la même dans tous les éléments, que ces éléments soient massifs, ou allégés, tandis que, faute de l'application de cette méthode, ces derniers ont une sécurité moindre.

Les fractions admises pour les contraintes 32/100 et 36/100 ont été ainsi déterminées, compte tenu de toutes ces majorations.

Le mode de calcul correspondant à ces règles s'établit sans tâtonnements, les vérifications s'opérant successivement au cours du calcul.

La majoration des surcharges est préférable à la diminution correspondante des limites des contraintes, parce qu'elle attire davantage l'attention du constructeur sur la nécessité d'utiliser de bons matériaux.

ARTICLE 28.

COEFFICIENTS D'ÉLASTICITÉ.

Le module d'*Young* sera pris égal à 22 000 myriapièzes pour l'acier, 2000 myriapièzes pour le béton de ciment artificiel.

Le coefficient de *Poisson* sera égal à 0,30

Commentaire.

Les coefficients d'élasticité ont été fixés pour permettre d'établir complètement les calculs justificatifs.

Le coefficient de *Poisson* qui intervient souvent ne pouvait être passé sous silence. Il suppose que tout le corps

RÈGLEMENT.	COMMENTAIRE.

Si l'une des contraintes principales est une traction, on admettra que l'allongement est déterminé par ces coefficients jusqu'à l'effort correspondant à la rupture et que, au delà, l'allongement est augmenté indéfiniment tandis que cette contrainte reste égale à la valeur de rupture.

est homogène. Quand on néglige la zone tendue comme dans les plaques, on prendra un coefficient moitié moindre.

Le module d'*Young* sera porté à 3000 pour les bétons alumineux.

Article 29.

Armatures longitudinales.

Armatures comprimées.

Le supplément de résistance correspondant aux armatures longitudinales comprimées sera pris égal à 10 fois la résistance de la fibre du béton qu'elles remplacent.

Toutefois, pour que ces armatures puissent supporter cette pression avec sécurité sans faire éclater leur gaine de béton, elles devront être reliées par des armatures transversales s'opposant efficacement au flambement et d'un écartement maximum de 12 fois ce diamètre de la barre. Si cette condition n'est pas réalisée, les barres longitudinales ne seront pas comptées dans la résistance.

L'expérience montre que les barres longitudinales en compression n'augmentent la résistance de rupture que si elles sont liées transversalement et c'est ce que traduit la règle donnée.

Armatures tendues.

Dans les pièces fléchies ou tendues, les armatures suffiront seules et dans tous les cas pour supporter l'effort de tension, l'effet du béton tendu étant seulement de changer la déformation.

Dans le cas de la flexion simple et pour la recherche de la fibre neutre, on pourra procéder par la méthode classique qui consiste à négliger le béton tendu en remplaçant la section d'acier tendu par une section fictive de béton μ fois plus grande.

Pour les aciers noyés dans des éléments

Le coefficient d'équivalence des armatures tendues n'est pas le simple rapport des coefficients d'élasticité, à cause des modifications apportées dans la déformation par le béton tendu.

La formule très simple indiquée pour les sections rectangulaires est en accord satisfaisant avec l'expérience directe.

Comme la variation de μ n'entraîne que des variations très lentes des autres éléments, et que d'autre part, pour faciliter les calculs, il importe de préparer des tableaux correspondant aux diverses valeurs de μ, on a admis que ces valeurs pourraient varier par sauts de 20 pour 100.

La règle relative à l'effort « vide » des barres sur le béton est très importante pour la bonne tenue des constructions.

La transmission des efforts des barres comprimées à leurs extrémités devra être faite d'une façon efficace, les crochets étant à ce point de vue sans utilité s'ils ne sont pas complétés par des armatures transversales spéciales.

Si cette transmission n'est pas efficace,

RÈGLEMENT.	COMMENTAIRE
rectangulaires (poutres ou nervures).	le supplément de résistance donné par les barres ne sera pas escompté.

$$\mu = 10 \frac{b'h}{20 A_1}$$

où b' est la largeur de la nervure, h la hauteur totale et A_1 la section d'acier tendu.

On pourra calculer avec des valeurs inférieures, à condition qu'elles ne diffèrent pas plus de 20 pour 100 de la valeur type.

Pour les sections de forme quelconque, on procédera par la règle de l'article 28 et il en sera de même pour la flexion composée.

Armatures pliées ou cintrées.

Les armatures pliées ou cintrées seront tracées de telle sorte que la réaction latérale correspondant à leur courbure ne puisse pas les faire sortir de la masse de béton.

ARTICLE 30.

FLAMBEMENT.

Quand une pièce sera comprimée, avec ou sans flexion, on calculera l'effort élastique comme si l'effort de compression était multiplié par le coefficient de majoration correspondante à la formule de *Navier* généralisée.

Le coefficient de cette formule a pour valeur :

4 pour la pièce fixée par un seul encastrement;

1 pour la pièce articulée aux deux extrémités;

1/2 pour la pièce articulée à une extrémité, encastrée à l'autre;

1/4 pour la pièce encastrée aux deux extrémités.

Sans commentaire.

RÈGLEMENT.

COMMENTAIRE.

Article 31.

Adhérence.

La résistance au glissement des barres dans leur gaine de béton sera assurée par le moulage très exact des aspérités.

Si d_1 est le diamètre de la barre, e_1 et e_2 les distances minima de l'axe de la barre à la surface libre du béton dans deux directions rectangulaires, la résistance de rupture au glissement sera prise égale à la caractéristique multipliée par le coefficient

$$\frac{0,2}{\left(l - \frac{d_1}{e_1}\right)\left(l - \frac{d_1}{e_2}\right)}$$

pour les barres suffisamment rugueuses.

Lorsque la gaine est cousue par des armatures transversales qui s'opposent efficacement à l'ouverture d'une fissure longitudinale, les distances e_1 et e_2 seront augmentées d'une épaisseur fictive en centimètres, égale à la section en centimètres carrés par mètre de longueur de la couture d'acier s'opposant à la fissure parallèle à la barre.

L'effort admissible sera les 32/100 ou les 36/100 de cet effort de rupture, dans les conditions précisées à l'article 27.

Les expériences montrent que la résistance au glissement des barres dans le béton est très faible si la barre est engagée sur sa demi-section, et qu'elle atteint le cinquième de la résistance à la compression si elle est placée dans une grande masse de béton.

La formule indiquée est en bon accord avec l'expérience.

Elle indique par exemple que pour le béton de caractéristique 200 la résistance d'adhérence est de 40 hectopièzes en masse indéfinie de 10 hectopièzes si la barre est à une distance des deux parois de la nervure égale à son diamètre, et elle est de 33 hectopièzes si elle est comme dans un hourdis à une distance e_1 égale à $2d$ et à une distance e_2 pratiquement infinie.

Cette formule montre l'intérêt des barres relevées au point de vue du glissement.

Les barres laminées sont suffisamment rugueuses, soit qu'elles restent noires, soit qu'elles soient rouillées après enlèvement des plaquettes non adhérentes.

Article 32

Armatures transversales des pièces fléchies ou tordues.

Quand, dans la flexion ou la torsion, la contrainte dépassera la limite admissible en traction on supposera que, suivant la direction principale, une fissure peut s'ouvrir par traction.

Le béton devra être cousu à travers ces fissures par des armatures transversales convenablement établies pour supporter les efforts qui doivent tra-

Les dispositions de cet article forment un ensemble coordonné dont les méthodes de calcul données en annexe montrent l'utilité.

Elles permettent de calculer les armatures transversales de flexion avec cisaillement dans tous les cas.

Les calculs sont très simples lorsqu'il s'agit du cisaillement de la nervure d'une

RÈGLEMENT.

verser ces fissures, et les armatures transversales seront ancrées pour transmettre ces efforts à leurs extrémités aux autres éléments.

Ces armatures seront calculées comme travaillant en traction simple à la façon des éléments correspondants d'un treillis métallique.

On tiendra compte également de l'augmentation d'efforts due à ces fissures dans les armatures longitudinales, particulièrement vers les appuis.

On tiendra compte dans les calculs du treillis ainsi envisagé de la part que peuvent prendre les barres relevées comptées en raison des efforts de traction qu'elles peuvent supporter.

On disposera des armatures transversales, calculées comme ci-dessus, même quand la limite admissible pour le béton en traction n'est pas atteinte, toutes les fois qu'une fissure compromettrait la construction, comme à la jonction du hourdis et d'une poutre, dans le plan inférieur du hourdis.

Article 33.

Armatures transversales des pièces comprimées.

Les armatures transversales sont nécessaires pour relier les armatures longitudinales dans les pièces comprimées dans les conditions de l'article 29.

Elles ont pour résultat d'augmenter la résistance à la compression du béton.

Si A est la section d'un prisme de béton y compris l'aire équivalente des aciers longitudinaux, et α le volume relatif utile (recouvrements déduits) des armatures transversales, e_4 l'écartement d'axe en axe de ces armatures, γ_1 et γ_2 les caractéristiques de l'acier et

COMMENTAIRE.

poutre en T, ou du cisaillement des deux ailes en béton de cette poutre.

Les armatures de cisaillement devront être telles que la zone de ces ailes reliée par armatures aux nervures ait la forme d'un fuseau de largeur au plus égale au maximum de l'article 34, et tel que la contrainte soit toujours admissible sur tout élément.

La règle relative au frettage est donnée par une formule simple qui tient compte des variables en cause et des résultats d'expériences, le coefficient d'équivalence des frettes est ainsi :

$$\frac{100\gamma_1}{\gamma_2}\left(l - 2\frac{e_4}{b}\right);$$

pour $\gamma_1 = 45$ et $\gamma_2 = 200$ par exemple, le coefficient serait pour la forme circulaire :

$$45\left(l - 2\frac{e_4}{b}\right);$$

RÈGLEMENT.

du béton, la résistance du prisme sera

$$A\left[\gamma_2 + \nu\alpha\left(1 - 2\frac{e_1}{b}\right)\gamma_1 \times 100\right].$$

On prendra

$\nu = 2$ pour des frettes circulaires continues ou pour un quadrillage de barres réunies deux à deux à la paroi par des cercles de raccordement permettant à ces barres de se transmettre leur effort de traction; b sera le diamètre ou la plus petite dimension de la section de béton;

$\nu = 1$ pour des ligatures carrées;

$\nu = \frac{b}{h}$ pour des ligatures rectangulaires.

h étant la plus grande dimension de la section de béton et b la plus petite.

Quand la zone extérieure aux barres travaillera au même taux et qu'il y aura possibilité de séparation prématurée de la zone de béton extérieure aux armatures transversales, on n'admettra pas une résistance supérieure à $2A\gamma_2$.

Article 34.

Règle spéciale au sujet du Calcul des hourdis nervurés.

Lorsqu'un solide en flexion sera formé par une nervure surmontée d'un hourdis dans la zone comprimée, on ne tiendra pas compte pour le calcul en outre de la nervure d'une largeur de hourdis supérieur à

$$b = \frac{e}{\sqrt[3]{1 - \left(\frac{3e}{l}\right)^3}}$$

où e est la distance libre entre nervures parallèles avec des charges uniformément réparties, et l la portée de la

COMMENTAIRE.

et pour $\frac{e_1}{b} = \frac{1}{5}$:

$$45 \times 0,6 = 27.$$

Le module d'*Young* n'est pas changé tant que la contrainte ne dépasse pas 0,8 γ_2, au delà il faudra tenir compte des faits expérimentaux réels. Aux très hautes pressions, le béton se comporte comme un corps pulvérulent à frottement interne, ayant la cohésion du béton primitif.

Cette règle empirique fixe une loi logique nécessaire à connaître pour les poutres avec hourdis.

RÈGLEMENT.	COMMENTAIRE.
poutre; et, dans le cas de surcharges isolées, *e* pourra être portée à la distance de ces charges si celle-ci est supérieure à la distance entre nervures.	
Article 35. Règle spéciale au sujet des Coutures.	
Lorsqu'une fissure pourra se produire, soit par suite d'une reprise, soit pour toute autre cause, le plan correspondant sera traversé par des aciers de couture, tels que l'effort de traction que ces aciers sont susceptibles de développer dans leur direction, combiné avec les forces extérieures agissant sur le plan puisse déterminer une résultante faisant avec la normale un angle inférieur à 45°.	La détermination des coutures de liaison est essentielle dans la plupart des constructions, spécialement aux nœuds, aux abouts des poutres ajourées, etc...

TITRE V.

Exécution des travaux.

Article 36. Coffrages.	
Les coffrages seront suffisamment résistants, rigides et étanches pour supporter les charges et donner à l'ouvrage la forme prévue, compte tenu des forces engendrées pendant le tassement du béton. Les armatures seront arrimées pour résister sans déplacement aux efforts subis pendant la mise en œuvre.	Sans commentaire.
Article 37. Tassement du Béton.	
Le tassement dans les coffrages a pour but, non pas de déterminer une compression préalable, mais de réduire les vides et d'éliminer les bulles d'air	Sans commentaire.

RÈGLEMENT.	COMMENTAIRE.
et une partie de l'eau de gâchage qui reflue à la surface. Pour les bétons peu mouillés on peut procéder par pilonnage ou compression. L'effet obtenu par ces moyens est maximum, quand l'eau reflue à la surface, ce qui indique que le volume des vides est réduit au volume de l'eau de gâchage. Pour réduire le volume des vides au-dessous du volume de cette eau, il faut avoir recours à d'autres moyens qui reviennent tous à déterminer le serrage des matériaux solides par la création de fortes accélérations capables de vaincre les frottements intérieurs tels que : emplois de tables à secousses, vibrateurs, centrifugation, etc... Tous ces moyens augmentent considérablement les pressions latérales à supporter par les coffrages et leur efficacité dépend essentiellement de l'étanchéité de ceux-ci.	
Article 38. **Arrosages. Reprises.**	
Les coffrages et les bétons seront maintenus humides jusqu'à l'obtention du durcissement escompté, et lorsque l'exécution d'une pièce aura été interrompue, ce qu'on évitera autant que possible, la surface de reprise sera nettoyée à vif et copieusement mouillée. On évitera l'emploi de barbotine de ciment. Mais on pourra avantageusement augmenter le dosage de la première couche de béton en contact avec la surface de reprise.	Il est essentiel que le béton soit humide pendant sa prise et son durcissement.
Article 39. **Gelée.**	
Le béton sera protégé en temps de gelée jusqu'à ce que la prise soit com-	Sans commentaire

RÈGLEMENT.	COMMENTAIRE.
plète, et l'on arrêtera toute nouvelle coulée, sauf si l'on dispose de moyens efficaces pour prévenir les effets nuisibles de la gelée.	
A la reprise du travail, on démolira toutes les parties qui auraient subi les atteintes de la gelée.	

ARTICLE 40.

DÉCINTREMENT.

L'enlèvement des coffrages sera fait progressivement sans chocs et par efforts purement statiques.

Cet enlèvement commencera quand le béton aura acquis un durcissement suffisant pour supporter la charge qu'il aura alors à subir, dans les conditions de sécurité prévues aux articles précédents.

Sans commentaire.

TITRE VI.

Épreuves des Ouvrages.

ARTICLE 41.

CHARGES DES ÉPREUVES.

Les épreuves seront celles prévues au cahier des charges.

Elles seront telles que la sécurité soit toujours celle prévue par ce règlement pour les divers types de surcharges.

Sans commentaire.

ARTICLE 42.

MESURES PENDANT LES ÉPREUVES.

On mesurera les flèches maxima et, si possible, les déformations de l'ouvrage, pour comparer les résultats expérimentaux aux prévisions des calculs.

Les flèches élastiques seules devront être évaluées en supposant pour module d'*Young* du béton 1000 γ_2 puis 2000 γ_2 et le résultat expérimental devra être compris entre les deux flèches ainsi calculées.

RÈGLEMENT.	COMMENTAIRE.
Article 43. **Durée des Charges.** Le béton armé ne devient élastique qu'après les premiers chargements. Les surcharges par poids mort seront laissées en place pendant trois heures au moins. On s'assurera ensuite que les flèches sous charges mobiles deviennent élastiques.	L'adaptation du béton au système de forces appliquées demande un certain temps. Cette adaptation peut se faire pendant la construction ou à l'occasion des épreuves. Ce qui importe, c'est la réversibilité des déformations après un nombre limité de mises en charge.

RAPPORT SUR LE RÈGLEMENT

SUR LES

CONSTRUCTIONS EN BÉTON ARMÉ

Exposé.

Les constructions en béton armé sont actuellement établies en France d'après la Circulaire du Ministère des Travaux publics du 20 octobre 1906.

Cette Circulaire conseille des règles qui forment un ensemble de dispositions techniques d'autant plus remarquables qu'elles ont été étudiées peu d'années après l'apparition industrielle du béton armé.

Plus de 20 ans se sont écoulés depuis lors, et la Circulaire de 1906 reste encore le document fondamental.

Toutefois, le développement de la technique, l'emploi de matériaux plus résistants, l'étude plus complète des efforts dans les différentes directions nécessitent aujourd'hui des remaniements sur quelques points, des compléments sur d'autres.

C'est pourquoi la Chambre syndicale a pris l'initiative de réunir une Commission de spécialistes et celle-ci a désigné le groupe des techniciens chargé de l'élaboration d'un règlement.

La Commission a pensé, en effet, que le béton armé étant arrivé aujourd'hui à l'âge adulte, il était désirable de réunir ses règles dans un texte précis et formel; ces règles devant en outre permettre d'utiliser les améliorations provenant des progrès techniques dans les qualités des matériaux, comme de la précision dans l'évaluation des efforts.

Dans cet esprit, la Sous-Commission a travaillé pendant près de deux ans et elle présente aujourd'hui le projet de règlement adopté par elle après discussion de chacun de ses articles.

La Sous-Commission a cherché surtout à faire œuvre technique et scientifique, persuadée qu'un règlement est d'autant plus utile qu'il pénètre plus avant dans le domaine des faits naturels, et se rapproche davantage des phénomènes expérimentaux.

Le Commentaire joint au projet donne les renseignements détaillés sur les dispositions prévues. Les raisons des dispositions prescrites et quelques exemples d'application font l'objet du présent rapport.

Titre I. — Dans le Titre I, le règlement indique les données préliminaires nécessaires à l'élaboration de toute construction.

Pour faciliter l'élaboration des programmes, le rapport donne, aux articles intéressant les surcharges, des données utiles aux architectes et ingénieurs-conseils.

Titre II. — Dans le Titre II, le règlement exige la détermination exacte des ouvrages par les dessins et croquis afin que l'on puisse, à tout moment, connaître la construction exacte d'un élément quelconque.

Titre III. — Le Titre III définit les matériaux qui doivent être employés pour le ciment armé; il est rédigé comme il a été dit dans l'exposé en vue de permettre toutes les améliorations.

A cet effet, sont définies les qualités reconnues actuellement utiles à quelque degré que ce soit, et la liberté absolue est laissée pour les autres.

L'*acier* est qualifié par sa résistance, sa limite élastique, sa ductilité et son absence de fragilité, toutes qualités nécessaires pour la mise en œuvre avec la sécurité prévue lors de l'établissement du projet.

Particulièrement le très simple essai de rupture sur la barre elle-même entaillée est facilement exécuté avec succès pour les aciers de qualité courante. Cet essai est le seul qui élimine la plupart des matériaux médiocres, comme la Commission s'en est rendu compte par des essais directs au Laboratoire, puis par des applications à de grands ouvrages. Cet essai a encore le grand avantage de permettre la vérification à tout instant du résultat et de montrer la texture du métal.

Les métaux courants donnent facilement un angle de déviation supérieur à 30°.

Les métaux ne donnant pas une déviation de 20° ont toujours une fragilité dangereuse et ne peuvent être travaillés.

Pour le ciment et l'agrégat, le critérium doit toujours être trouvé dans le but à atteindre la résistance du béton; c'est par là que l'agrégat, comme le ciment, doit être reconnu bon ou mauvais.

Les théories élaborées actuellement sur la graduation correcte permettront vraisemblablement dans un avenir prochain de donner les règles du meilleur agrégat qui rentrera nécessairement dans les règles édictées puisque celles-ci ont pour but d'assurer la résistance du béton maniable et remplissant tous les vides entre coffrages et armatures.

La consistance et le dosage du béton font aussi l'objet de définitions.

Dans la Circulaire de 1906, comme dans tous les règlements étrangers, on n'envisage que la résistance du béton à la traction simple, à la compression simple ou au cisaillement.

Ce sont là des cas particuliers, et il importe de connaître la limite de sécurité de la contrainte dans une direction quelconque, car le béton est sollicité dans toutes les directions.

Le nouveau règlement donne à ce sujet les règles qui résultent de l'expérimentation directe.

Pour l'acier, la question est plus simple quand les efforts lui sont transmis par le béton. Dans ce cas, les efforts à la paroi sont faibles, ce qui entraîne des efforts de cisaillement négligeables comme il est facile de s'en rendre compte en étudiant complètement les sollicitations d'un tronçon de barre quelconque.

Dans toutes les expériences de rupture des pièces de béton armé, l'acier se rompt uniquement par traction simple, et c'est donc cette résistance seule qui intervient au point de vue de la sécurité.

La valeur d'un ouvrage dépend du soin avec lequel il a été construit, et les résultats donnés par le béton doivent être déterminés sur des éprouvettes suffisamment nombreuses.

Pour rendre ce contrôle facile et peu coûteux, le règlement décrit des éprouvettes de forme très simple et de dimensions relativement petites.

Le contrôle de la résistance peut être ainsi efficace et peu coûteux.

Ces essais s'inspirent des méthodes employées par M. Féret pour l'étude des mortiers et permettent de déterminer les résistances à la traction et à la compression par une même éprouvette.

La répartition des tensions élastiques qui donne dans la période élastique une contrainte maximum égale à $\frac{6M}{bh^2}$, se modifie dans la déformation plastique et la contrainte maximum de traction au moment de la rupture par flexion du béton peut être prise égale à $\frac{3.6M}{bh^2}$.

Le choix des éprouvettes a été déterminé en vue de donner les essais les plus réguliers, la durée adoptée de 28 jours est suffisante pour connaître de la qualité du béton, et elle est assez courte pour que l'épreuve soit faite en temps utile sur les chantiers. Quant au durcissement ultérieur, il dépend de la qualité du ciment et est connu à l'avance pour chaque marque; la majoration de résistance dépasse 25 pour 100 avec les ciments artificiels courants. Mais elle peut être moindre avec des ciments à mouture fine et à durcissement rapide. C'est pourquoi la majoration prévue doit rester inférieure à l'augmentation de résistance.

Afin de faciliter l'établissement de tableaux et de graphiques, il est prévu au commentaire trois bétons normaux dont les caractéristiques peuvent être obtenues sur les chantiers dans les conditions normales.

Avec la consistance plastique, les dosages correspondants sont les suivants qui donnent normalement une marge de 20 pour 100 par rapport à la résistance type, marge nécessaire pour les irrégularités de chantier.

	Ciments 15/20.	Ciments 20/25.
Béton 160	650 $g^{-\frac{1}{5}}$	—
» 200	750 $g^{-\frac{1}{5}}$	630 $g^{-\frac{1}{5}}$
» 250	880 $g^{-\frac{1}{5}}$	750 $g^{-\frac{1}{5}}$

Ces dosages doivent être augmentés dans le cas de bétons plus mouillés, d'agrégats moins bien gradués ou de mise en service rapide des ouvrages. Ces indications de dosage ne sont données qu'à titre de simples indications, les cahiers des charges devant prendre comme base les résistances effectives contrôlées, sur chantier bien plus que les dosages. Dans tous les cas, le dosage doit être suffisant pour donner au béton une compacité protégeant les armatures.

Titre IV : Calculs de résistance. — Il est prévu que les calculs de résistance seront effectués en tenant compte de toutes les causes de fatigue.

D'autre part, on se réfère toujours à l'expérience pour la détermination des coefficients de calculs.

Le règlement prévoit qu'on néglige la résistance à la traction simple toutes les fois que le béton peut être fissuré; c'est qu'en effet à travers une fissure l'acier seul supporte les efforts de traction correspondant à l'équilibre de la section. On ne peut donc totaliser la résistance à la traction du béton et la résistance à la traction de l'acier, et l'on ne considérera la résistance à la traction du béton que dans les conditions très strictes définies à l'article 20.

L'application de cet article ne permet de compter pratiquement sur la résistance à la traction que dans les hourdis où cet effort se développe comme conséquence de l'effort tranchant.

Pour l'étude des déformations, la résistance du béton à la traction doit être évaluée. En effet, la presque totalité du corps n'est pas fissurée et l'existence d'une fissure ne modifie que localement et dans une faible mesure les déformations. Il faut donc nécessairement tenir compte de l'effet total du béton, et ceci est important, particulièrement dans la position de la fibre neutre dans les calculs de flexion.

Pour qu'une fissure ne s'élargisse pas, il faut que l'effort de traction simple, déterminé dans une section homogène par l'allongement du béton, soit supporté localement à travers la surface de la fissure par une section d'acier suffisante.

Dans l'étude qui suit, nous verrons l'application de ce principe.

Pour la variation linéaire accompagnant le durcissement, la Commission a entrepris une série d'expériences lui permettant de se rendre compte de l'effet du climat sur les ouvrages réels; elle a pu ainsi vérifier que c'est bien la variation de la quantité d'eau à l'intérieur du béton qui est la cause principale de la variation linéaire accompagnant le durcissement du béton, aussi cette variation linéaire dépend-elle essentiellement des conditions hygrométriques du milieu dans lequel le béton se trouve plongé et la Commission a admis ainsi, conformément à l'expérience, que les retraits sont d'autant plus dangereux que la région est plus sèche, c'est-à-dire, en France, que sa latitude est plus petite.

Pour permettre de tenir compte de cette variation linéaire, la Commission a indiqué le chiffre qui doit être pris en compte en fonction de cette latitude.

Comme la latitude n'est pas le seul élément déterminant l'hygrométrie et que dans certaines régions spéciales, en montagne, aux bords de la mer, l'hygrométrie peut être augmentée, le règlement prévoit, dans ce cas, une évaluation directe de la variation linéaire.

Toutefois, les expériences montrent que le phénomène du retrait est beaucoup plus complexe et qu'il dépend aussi des conditions mécaniques de l'élément pendant le durcissement. Dans une éprouvette inégalement chargée dans sa section, le retrait tend à égaliser la contrainte. Mais les faits correspondants sont encore actuellement trop mal déterminés pour que la Commission ait pu proposer d'en faire état. Les expériences sont continuées, et dès que le mécanisme du retrait sera bien connu, il sera alors possible de faire état des variations linéaires réelles et d'en tenir compte dans les calculs.

L'évaluation de la température est définie pour les ouvrages soumis aux influences climatériques, la variation de température a été prise comme variant de plus ou moins 20° par rapport à la température moyenne. Elle est assez peu différente de celle qui a été admise, pour les ouvrages métalliques (27°).

Si, en effet, la capacité calorifique du béton ne permet pas une modification brusque de température, par contre son effet sur la variation de température due aux saisons est assez faible.

Le coefficient de variation admise a été celui qui résulte de la moyenne des expériences, c'est-à-dire 11×10^{-6} par degré.

Surcharges. — Pour les surcharges, pour la première fois dans un règlement, la Commission propose un coefficient de majoration important.

C'est qu'en effet, si, sous une charge fixe, la rupture se fait par une contrainte égale à la contrainte de rupture, elle se fait, sous les surcharges alternées, par une contrainte égale à la limite d'élasticité, car, par suite de la répétition des efforts, les écoulements moléculaires alternés dans la région des déformations plastiques entraînent la rupture.

Pour avoir un coefficient de sécurité constant, dans des éléments à sections régulières, il faut donc proportionner les charges fixes et les charges alternées aux limites correspondantes.

Dans les éléments à sections variables, l'adaptation se fait bien pour les charges fixes, elle se fait mal pour les charges alternées, de telle sorte que les contraintes de rupture sont encore beaucoup plus différentes que dans les éléments à sections régulières.

C'est pourquoi la majoration du tiers de la surcharge par ce seul fait que la surcharge est variable doit être considérée comme un minimum qui permettra de s'approcher davantage d'une constance dans la sécurité.

Pour la surcharge dynamique, la formule du règlement des ponts métalliques a été adoptée afin de réaliser l'unité de vues. L'effet de la surcharge dynamique est cependant plus faible sur les ouvrages en béton armé, par suite, non seulement de leur poids, mais aussi de l'augmentation de l'hystérésis.

Modules d'équivalence. — Pour la compression simple, le rapport des modules d'élasticité étant 11, le module d'équivalence de l'acier sera pris égal à 11, ce qui donnera pour section homogène fictive :

$$A = A_2 + 10 A_1,$$

A_2 étant l'aire totale géométrique occupée par le béton, sans déduire l'aire A_1 occupée par les aciers.

Pour la flexion, la formule indiquée pour μ a été déterminée en reprenant l'étude de la position de la fibre neutre dans les expériences effectuées par la Commission de 1906, et le coefficient adopté est tel que, à la limite de la période élastique, il y a un bon accord entre le calcul et l'expérience. La constance dans la sécurité sera donc ainsi atteinte.

Armatures pliées ou cintrées. — Soit r le rayon de courbure d'une armature de section A_1, on admettra qu'elle exerce latéralement par unité de longueur un effort $A_1 \frac{\varphi_1}{r}$; cet effort devra être pris, le cas échéant, soit en compression vers la masse de béton, soit en traction par des armatures transversales de liaison rapprochées.

Sauf ces précisions, les calculs de compression, de flexion simple ou composée et de flambement se conduisent comme dans le précédent règlement, avec les mêmes formules pour la répartition des efforts élastiques; ces formules sont aujourd'hui classiques et n'ont plus à être reproduites.

Pour le calcul propre des hourdis, la Commission a supprimé la méthode empirique de la précédente circulaire trop éloignée des faits. Depuis lors, la théorie des plaques a fait assez de progrès pour être aujourd'hui une partie classique de la résistance des matériaux.

L'adhérence se calculera par les formules du glissement longitudinal, on vérifiera que non seulement une barre ne peut glisser dans sa gaine, mais encore que si l'on considère un groupe de barres quel qu'il soit, ce groupe ne peut se séparer par glissement du reste de la construction.

Glissement longitudinal du béton sur lui-même. — Sur ce point, la méthode donnée par la précédente circulaire était fausse, et entraînait une insuffisance des armatures transversales.

Considérons, par exemple, une poutre fléchie à section rectangulaire constante dans laquelle b est la largeur et z la distance des résultantes de traction et de compression. Pour un effort tranchant T, l'effort de glissement longitudinal unité de surface est $\frac{T}{zb}$.

Il se développe simultanément à 45° une traction égale à $\frac{T}{zb}$.

Si cette contrainte est supérieure suivant le cas de charges à 32/100 ou à 36/100 de $\frac{\gamma_2}{12}$, on admettra des fissures à 45° qui déterminent une série de bielles de compression ayant un effort unitaire de compression égal à $\frac{2T}{zb}$ après fissuration, si l'on dispose des étriers verticaux.

Ceux-ci seront alors des barres tendues supportant l'effort T sur la longueur z, et leur diamètre et leur nombre doivent être déterminés en conséquence, ainsi que leurs ancrages extrêmes.

Sur l'appui les bielles de compression déterminent un effort horizontal égal à T, qui doit être supporté par l'ancrage des barres longitudinales.

On trouvera par cette méthode les formules nécessaires pour déterminer tous les éléments résistant à l'effort tranchant, même dans le cas de poutre à hauteur variable, et d'étriers inclinés. Par exemple, pour des étriers à 45° et une poutre à hauteur constante, l'effort sur les bielles de béton se réduirait à $\frac{T}{zb}$ et l'effort sur les étriers, sur la longueur unité, serait égal à $\frac{T}{z\sqrt{2}}$.

Dans tous les cas sur les bielles de compression, la contrainte admissible sera réduite du tiers pour tenir compte des irrégularités de section.

Armatures transversales de renforcement. — Les instructions nouvelles concordent sensiblement avec les anciennes, mais elles sont beaucoup plus précises pour le choix des coefficients, afin de se rapprocher davantage des résultats expérimentaux, et d'éviter toute fausse interprétation.

Les essais effectués par la Commission montrent l'influence considérable de la pression latérale sur la résistance à la pression longitudinale, même pour des efforts unitaires beaucoup plus importants que les contraintes envisagées dans le règlement.

Vent. — Le présent règlement n'avait pas dans son cadre la détermination des données numériques relatives aux forces extérieures, et en particulier du vent.

Quand il n'existe aucun règlement applicable et aucun élément d'information précis, la Commission propose de prendre comme pression du vent totale par mètre carré sur une paroi verticale à la hauteur H au-dessus du sol :

$$\frac{1000 + 250H}{20 + H} \quad \text{(en kilogrammes)},$$

ce qui donne une pression de 50^{kg} au sol, de 117^{kg} à 10^{m}, de 150^{kg} à 20^{m}, de 170^{kg} à 30^{m} et de 183^{kg} à 40^{m}.

Cette pression est la résultante de la compression à l'avant et de la dépression à l'arrière.

Quand ces deux effets se produisent, sur deux parois distinctes, on admettra que les maxima de chacun d'eux atteignent les deux tiers du total.

DONNÉES FACILITANT L'ÉLABORATION DES PROGRAMMES. — La Commission a pensé faire œuvre utile en donnant aux utilisateurs des exemples de charges à introduire dans les programmes.

Planchers d'habitation privée. — La charge permanente comprendra non seulement le poids propre, mais encore les poids des plafonds, enduits, planchers ou revêtement quelconque, ainsi que des éléments de la construction reposant sur les planchers, tels que cloisons, etc...

La surcharge comprendra une partie fixe qui sera, *en kilogrammes par centimètre carré*,

$$S_1 = 100^{kg},$$

et une partie mobile

$$S_2 = 100^{kg}:$$

il n'y aura pas de surcharge dynamique.

Planchers de bureaux où le public n'est admis qu'isolément. — Charge permanente comme ci-dessus, puis :

$$S_1 = 100^{kg},$$
$$S_2 = 200^{kg},$$

sans surcharge dynamique.

Planchers de boutiques et de magasins légers. — Charge permanente comme ci-dessus, puis :

$$S_1 = 100^{kg},$$
$$S_2 = 200^{kg}.$$

La fraction de la surcharge S_2 déterminant la surcharge dynamique sera $1/2$.

Planchers de salles de spectacles, de danse, etc. — Charge permanente comme ci-dessus, puis :

$$S_1 = 100^{kg},$$
$$S_2 = 300^{kg}.$$

La fraction de la surcharge S_2 déterminant la surcharge dynamique sera 1.

Planchers d'ateliers normaux. — Charge permanente comme ci-dessus, puis :

$$S_1 = 100^{kg},$$
$$S_2 = 400^{kg}.$$

Fraction de S_2 pour la surcharge dynamique 1/2.

Planchers d'ateliers lourds. — Charge permanente comme ci-dessus :

$$S_1 = 200^{kg},$$
$$S_2 = 800^{kg}.$$

Fraction de S_2 pour la surcharge dynamique 1/2.

Planchers d'entrepôts. — Charge permanente comme ci-dessus :

S_1 : de 100^{kg} pour les matières légères à 300^{kg} pour les matières lourdes.
S_2 : de 400^{kg} » à 1900^{kg} » .

Fraction de S_2 pour la surcharge dynamique 1/8.

Surcharges concentrées. — En outre, sur tous les planchers, on admettra sauf indication spéciale et sur les zones libres des surcharges réparties S_2, des charges concentrées égales à 2 S_2 placées aux sommets de carrés de 2^m de côté au plus. Ces charges 2 S_2 seront concentrées sur 1^{dm^2} du revêtement.

Poutres de ponts roulants. — Les charges S_2 des galets seront déterminées par les possibilités de levage du mécanisme, la charge levée équilibrant exactement le couple maximum de démarrage et la position du chariot étant la plus défavorable.

Les efforts horizontaux et transversaux seront pris égaux au septième de la charge totale susceptible de glisser sur rails

Tous ces chiffres sont donnés à titre d'indication, pour préciser la proportion habituelle des divers éléments.

Conclusions.

Comme on peut le voir à la lecture du règlement et de son commentaire, et comme il a été expliqué dans ce rapport, la Commission a cherché à fixer les règles qui permettent un calcul correct des efforts dans les constructions.

Ce calcul correct est particulièrement important dans le béton armé puisque les éléments spécialisés peuvent être déterminés en tous points pour correspondre aux besoins.

Les formules empiriques doivent être limitées autant que possible, et dans le présent règlement il n'a été admis que celles qui étaient strictement nécessaires pour fixer les données du problème.

La Commission a évité avec soin de donner des formules approximatives au sujet des moments fléchissants, des efforts tranchants, etc., formules approximatives qui se transforment très rapidement dans la pratique en règles dogmatiques et qui donnent lieu dans les constructions à des inconvénients parfois assez graves.

C'est ainsi que la formule $\frac{pl}{10}$ ne doit pas être considérée comme une évaluation correcte du moment pour les projets d'exécution, mais comme une première approximation qui sert à fixer les ordres de grandeur et qui peut ainsi être employée dans les avant-projets, mais elle ne peut pas servir à déterminer les dimensions définitives de la construction.

Enfin, comme il a été dit, la Commission a cherché à étudier toute erreur d'appréciation en définissant d'une manière complète les coefficients qui doivent être utilisés.

Il en résultera plus d'égalité entre les constructeurs et plus d'homogénéité dans les constructions.

PARIS. — IMPRIMERIE GAUTHIER-VILLARS ET Cie,
84762-28 Quai des Grands-Augustins, 55.

PARIS. — IMPRIMERIE GAUTHIER-VILLARS ET Cie.
Quai des Grands-Augustins, 55.
84762

www.ingramcontent.com/pod-product-compliance
Lightning Source LLC
LaVergne TN
LVHW010100230826
846091LV00005B/2028
* 9 7 8 2 3 2 9 1 7 8 3 4 9 *